FOI VIVANTE 211

SI TU CHERCHES DIEU

JEAN-RENÉ BOUCHET O.P.

SI TU CHERCHES DIEU

Préface de A.-M. Carré, o.p.
de l'Académie française

LES ÉDITIONS DU CERF
29, bd Latour-Maubourg, Paris
1992

Bibliothèque chrétienne de Poche

FOI VIVANTE

ÉDITEURS PARTENAIRES :

Centurion, Jean-Pierre Rosa.
Cerf, Nicolas-Jean Sed.
Desclée de Brouwer, Thierry Quinqueton.
Labor et Fides, Serge Molla.
Éditions Ouvrières, Patrick Merrant.
Vie Chrétienne, Emmanuel Lecaron.

COORDINATION : Jean-Pierre Rosa. Nicolas-Jean Sed. Anne Terrier.

Nihil obstat : A.-M. CARRÉ, O.P.
TH. PATFOORT, O.P.

Imprimi potest : J. KOPF, O.P.

ISBN 2-204-01749-3
ISSN 0430-8530

« Un jour, Dieu effacera du cœur des hommes toutes les lois qui ne sont pas d'amour. »

MARGUERITE YOURCENAR
L'Œuvre au noir

PRÉFACE

Certains prétendent que la célèbre pensée de Pascal : « Tu ne me chercherais pas si tu ne m'avais déjà trouvé » a été mal déchiffrée. Pascal aurait écrit : « Tu ne me chercherais pas si je ne t'avais déjà trouvé. » Cette idée me venait à l'esprit en lisant le livre suggestif et original que publie le Père Jean-René Bouchet. La prévenante tendresse de Dieu s'y affirme avec une force et une douceur qui saisissent autant l'esprit que le cœur. Dieu n'est pas au terme de la route, comme la récompense d'un long cheminement ; il est là dès le début, présence mystérieuse qui se veut de plus en plus envahissante.

A première vue, le Père Bouchet dialogue avec quelqu'un dont le désir est de donner un sens à sa vie. Mais n'importe quel chrétien, fût-il chevronné, a besoin lui aussi d'être guidé. Si les premiers conseils du livre ne peuvent être éludés par celui qui commence sa quête de Dieu, ils concernent tout autant des hommes et des femmes qui se croient plus avancés et auraient avantage, pourtant, à retourner en arrière. Aucune étape n'est jamais franchie pour de bon. Un incessant va-et-vient spirituel est la règle d'or de qui tend vers l'Amour.

Quoique jeune encore, le P. Jean-René Bouchet a une sérieuse expérience. Nourri des Pères grecs, passionné par le monde oriental, il a exercé son ministère dans des milieux divers avant de devenir directeur de la revue *La Vie Spirituelle.* Membre de la Province dominicaine de Toulouse pour laquelle il a beaucoup travaillé, il est actuellement Prieur provincial de la province de Paris. Cette charge le met au contact de plusieurs centaines de religieux ; il partage leurs difficultés, il tente de donner corps à leurs espérances.

Juger ce recueil serait outrecuidant de ma part. Cependant j'en ai assez dit pour que l'on pressente sa valeur. Je voudrais ajouter qu'il nous situe constamment à l'intérieur de la foi. Le moralisme, à qui l'on attribue l'échec de tant d'éducations chrétiennes, n'est pas mort. Les commentaires d'Évangile reprennent trop souvent les propos qu'un simple maître de sagesse peut tenir. Le Père Bouchet, lui, ne veut savoir que Jésus Christ, crucifié et ressuscité. Le Sermon sur la montagne précise à ses yeux quelles ruptures, parfois violentes, il faut opérer avec les personnages que nous portons en nous et qui caricaturent notre moi. D'une manière concrète, sans jamais perdre de vue les réalités quotidiennes, chacun apprend ainsi comment s'engendre sur la terre un vrai « fils de la Résurrection ».

Laissons-nous entraîner dans cette aventure. Si puissante soit-elle, la tendresse de Dieu a besoin de nous, de notre accord, de notre ténacité, de notre confiance. L'aventure à courir est finalement celle de la joie.

A.-M. Carré, o.p.
de l'Académie française

CHAPITRE PREMIER

LÈVE-TOI ET MARCHE

Mets ton cœur en vacances

Toi qui cherches Dieu, toi dont le cœur bouge imperceptiblement lorsque ce mot étrange est prononcé en ta présence, n'aie pas peur. Laisse le nom résonner comme un écho, faire en ta vie comme des ondes. Écoute ; sans te lasser, tends l'oreille. Lorsque celui qui vibre à Dieu répond comme on s'en va en guerre, il est bien mal parti. Roule et roule encore en toi ce nom doux à ton cœur. Dis Dieu, Dieu. Mieux vaut, en un premier temps, s'occuper de la semence que de la terre. Écoute, écoute encore. Dieu est un vivant. S'il veut te séduire et demeurer chez toi, si tu acquiesces à son invite, il saura trouver le chemin de ton cœur. Arrête seulement le tournis. Mets ton cœur en vacances et repose-toi, si tu le peux. En tout cas ne crains pas.

Attends sans dormir

Tant d'hommes, au seul nom de Dieu, commencent à inventorier leurs misères. Gamins. Pendant que tu fais le ménage, Dieu risque de frapper et tu ne l'entendrais pas. Laisse donc tes humeurs tranquilles. Ne te malmène pas. S'il frappe, réponds : « Entrez » et « Asseyez-vous ».

Il est raconté dans la Bible la visite de Dieu à un adolescent : Samuel. Le Seigneur l'appelle, et Samuel répond : « Me voici », mais il ne connaît pas celui qui vient. Le vieillard qui assiste à la scène conseille à Samuel de se recoucher et d'attendre. C'était la nuit. Fais de même. Tu verras bien. Seulement ne te rendors pas.

Ne te presse pas

J'en connais comme toi que le Seigneur a

visités. Sur le champ, ils se sont mis en route vers des sages et des saints. Et les voici en train de méditer, de questionner, de s'agiter. Ils me font penser à la Marthe de l'Évangile qui ne tient plus en place aussitôt que le Christ a franchi le seuil de sa maison. Au bout de quelque temps, le souffle court, ils retournent à leurs affaires. Ils parleront plus tard de ce moment, comme d'autres décrivent leur premier amour, à la fin d'une soirée. Ne te presse donc pas. Tu verras bien en cours de route si tu as besoin de lumière. Et alors, tu sauras la trouver. Si tu es parti quand même et que le maître spirituel que tu voulais t'a reçu, et s'il t'a donné l'ordonnance que tu attendais : méditation, lecture, oraison, rupture, jeûne, pèlerinage, demeure vigilant, ne confonds pas visite médicale, remède et guérison.

Pense à toi

Toi que Dieu cherche, assieds-toi. Avant de partir en voyage, les Russes ont une belle coutume. Ils s'asseyent quelques instants en silence. Comme pour apaiser leur souffle, ramasser leur cœur. Fais de même. Assieds-toi, pense à toi, descends dans ton cœur et dans ton corps. La course sera longue, et dans la quête de Dieu le repos précède l'aventure. Un autre repos t'attend, mais pour l'heure n'y pense pas. A présent, cesse de virevolter. Supporte-toi un peu, un tout petit peu, immobile. Aiguise ainsi ton oreille et ton cœur. Tu auras mal. Calme ton impatience. Tu ne vas pas à la chasse, tu attends Dieu. Lentement quitte un à un tes vêtements, comme pour un bain en été. Ne te hâte pas.

Fais-toi oui

Expose-toi au soleil de Dieu. Sa lumière doit te laver et te refaire. Laisse-toi flotter comme quand tu te baignes. Alors il te donne son Esprit, il t'oint de son huile pour que ta démarche soit souple sur la route où il t'attend.

Laisse-le lui-même te préparer à la rencontre. Dans la rue, détends-toi, pense à lui, dis-lui oui, fais-toi oui. Ne te casse pas la tête, consens. Ce que je te conseille n'est pas facile, et au début tu devras lutter. Combats pour que ton oui soit oui.

Reconnais la tentation

Illusion. Piège. Ces mots ont traversé ton esprit et ton cœur. Ils te blessent. Ce n'est pas Dieu que tu cherches, ce n'est pas davantage Dieu qui te cherche. Tu es en train de t'égarer, de t'évader et de te perdre. « Plaie d'enfer », disent les psaumes. Ce n'est pas du repos qu'il te faut, c'est un psychanalyste.

Tu es en train de faire connaissance avec un partenaire qui t'accompagnera tout au long de ta route avec Dieu : la tentation. Halte-là ! Ne va pas appeler tentation ou épreuve tout ce qui n'est pas à ton goût désormais. La tentation réelle est un obstacle vrai dans notre quête de Dieu, qui peut être transformé en tremplin.

Pleure

Bienheureuse tentation. Tu dis chercher

Dieu et tu te regardes dans un miroir. Pourquoi pousser tant de cris ? Traverse le miroir et tu verras que c'était une illusion d'optique. Ton Dieu ressemble à ton père, à ta grand-mère. Tu as suspendu à son cou tous tes vieux rêves d'enfant. Tu l'as barbouillé au point que, te prosternant devant lui, c'est toi que tu adores. Et tu rages. Pleure plutôt et laisse tes larmes dissoudre ces enduits. Qu'elles soient le collyre de ton regard malade. Le temps t'aidera. Ne t'arrête pas. Va de l'avant. Il t'attend, celui que tu cherches.

Lâche tes idoles

Le pire, dans la tentation, est de croire que nous combattons seuls. Dieu, qui nous tend la main, combat pour nous et avec nous. Son souffle dissipe les brouillards que nous avons émis, et puis qui nous font peur. Sa présence fait tomber les idoles auxquelles nous sommes agrippés. Son huile guérit les plaies qu'une aventure d'homme vivant a ouvertes.

Ouvre les yeux sur Dieu qui vient. Tout

ton être grandit et s'affermit sur la route. Qui n'a pas connu les crises de croissance demeure un nain.

Marche

Il est temps de te lever et de prendre ton grabat sous le bras. Si tu le veux tu es guéri. Qu'il est difficile de renoncer à ses maladies ! Moi, monsieur, j'ai de l'asthme, et moi des rhumatismes. Je suis asthme et rhumatismes. Sois toi-même et suis le Seigneur. Il a bien d'autres choses à t'enseigner. Il va t'apprendre à vivre, à chanter, à aimer. Et, si la maladie survient désormais sur ta route, elle sera une étape vers la rencontre et non plus l'obstacle derrière lequel tu te caches.

Que ta faiblesse ne soit pas une excuse. Sur la route de Dieu, on guérit en marchant.

CHAPITRE II

APPRENDS À PRIER

Cherche sans te lasser

Marcher, c'est aimer. Marcher, c'est prier. Il est des gourmands et des coquets de la prière. Certains s'y tiennent comme des antiquaires ou des comédiens. Prie en vérité, c'est-à-dire cherche le lieu, le temps et la manière qui feront de ce moment que tu passes avec Dieu un espace d'écoute, d'attente et de rencontre.

Invente ce moment de tout ton amour. Il faudra du temps pour que tu y sois à l'aise. Ne renonce pas trop vite. N'appelle pas ta paresse nuit ou sécheresse. Cherche sans te lasser. L'Esprit guide ton cœur profond ; écoute-le.

Mêle-toi à Dieu

Peu à peu, jour après jour, tu prendras goût à Dieu. Mets dans ta vie un coin pour lui, un rite pour lui, une heure pour lui. Il y viendra et y fera sa demeure. Sache en changer au gré du chemin et de l'inspiration. Apprends avec patience à devenir spontané.

Aime à prier en tout temps. La nuit, quand tu t'éveilles. Au travail, dans ces multiples instants perdus. Dans la foule du métro. Mêle Dieu à tes joies, n'aie pas peur de l'appeler dans tes angoisses. Marche avec lui.

Reste libre

Ne t'entiche pas trop vite d'un lieu, d'une méthode ou d'un groupe de prière. Tu as l'Esprit et l'Évangile. Laisse-les te former et te pétrir. Tu aimes la prière de Jésus, le grégorien ou la musique byzantine. Si tu marches vraiment, tu ne les confondras jamais avec la recherche de Dieu. Reste libre, il te libérera.

Tu auras l'air d'un sauvage à tes yeux ou aux yeux de tes proches. Tu seras peut-être incompris. Mais qui te demande des comptes ? Pas même lui qui te cherche et t'attend.

Descends dans ton cœur

La prière te fait découvrir que le lieu où Dieu vient, c'est ton cœur. Ne pas confondre avec ton épiderme. Ton cœur, ce sont tes racines secrètes. C'est là que tu descendras pas à pas, sans te hâter. Aimer à la va-vite n'est pas aimer. Prends le pas des marcheurs de longue randonnée et descends dans ton cœur. Les psaumes te diront les misères et la beauté du cœur de l'homme. Il est double, tortueux, enténébré, fermé. Lorsque Dieu le visite, il se brise pour mieux s'ouvrir, il exulte, il jubile, il chante, il bondit, il brûle. Joie pour le cœur qui cherche Dieu.

Laisse faire Dieu

Descends, enfonce-toi dans ton cœur. N'emprunte pas la sombre et fausse humilité des bigots. Elle ne ferait que t'entraver. Revêts plutôt celle du paysan qui sait qu'il faut bien compter avec la terre et attendre la pluie, et que l'on ne peut arrêter le vent.

Tu découvres qu'en allant vers ton cœur tu dois te délester. Fais-le. Laisse Dieu le faire. Une à une tes bandelettes se desserrent, pas à pas ta démarche s'assouplit, marche après marche ton regard se fait plus clair. As-tu remarqué que ta voix est plus chaude ? Tu es sur le chemin de ton cœur.

Goûte dans la paix

Si Dieu te donne d'habiter dans ton cœur, goûte paisiblement cette joie et rends grâce. Ne va pas t'imaginer en chartreux ou en carmélite. Cette tentation-là serait peut-être la plus grave. Qui sait si aujourd'hui même Dieu ne reprendra pas ta vie ?

Rends grâce au présent Parle à ton Dieu comme un ami avec son ami. Repose-toi avec lui à la brise du soir dans le jardin de ton cœur. Hiver ou été, qu'importe. Tu es là, il est là. Réjouis-toi !

Mange l'Évangile

Apprends de Dieu qui est Dieu. Tu as souvent appris des autres comment te garder de lui, comment l'enfermer dans le cercle magique du discours réducteur ou du discours sacré. Et tu le saluais de loin.

Il s'agit maintenant d'entrer à son école. L'Évangile, qui jusque--là était une référence à laquelle tu empruntais quelques normes de comportement ou de militance, aura désormais la saveur du pain frais. Mange-le à belles dents. Il a été cuit pour toi. Prends ton temps pour le savourer. Regarde, Dieu lui-même met le doigt sur ce passage que tu allais sauter.

Trouve la bonne nouvelle

On t'a dit que l'Évangile était une règle de vie. Ce n'est pas faux. Sache qu'il est avant tout une bonne nouvelle. Avant de l'ouvrir chaque jour et d'y appliquer ton cœur, souviens-t'en. Sinon tu ne le comprendras pas.

Interroge-le, entre en lui jusqu'à ce que cette bonne nouvelle te soit livrée. Elle s'y cache parfois, d'autres fois elle est à portée de main. Elle est toujours là. Si, en accueillant cette parole, ton cœur frémit, réjouis-toi. S'il te venait, au fil des pages, un jugement sur ton frère, sache que tu as péché. L'Évangile n'est pour personne une mauvaise nouvelle. A celui qui y cherche des armes ou des sentences, il demeure un livre scellé.

Prends un psaume

Il te prend soudain l'envie de chanter. Prends un psaume. Dans ce livre surprenant, tu trouveras toujours le chant qui te convient. Et ne fait surtout pas la fine bouche si tu trouves des paroles rudes et tranchantes ou des joies trop humaines. Tu montrerais par là qu'il te reste un long chemin à faire afin de bien comprendre que Dieu est le Seigneur des vivants.

Lis et relis le Psautier. Prends l'habitude de l'ouvrir chaque jour. Tu devras t'y frayer un chemin. Fredonne-le quand tu as le temps sans fausse honte, même si tu chantes faux. Tu y découvriras que, lorsque Dieu nous visite, il fait de nous des hommes en vie.

Démasque-toi

Tu rêves tellement d'être un ange ! S'il n'y avait pas cette boue qui colle à tes chaussures et ce poids trop pesant pour toi sur tes épaules, tu volerais si haut, tu planerais... Tu rêves de prières au silence criblé de sa présence, tu es bouche bée devant ces admirables bouddhas plongés dans une contemplation sans images.

Comme si on allait à Dieu avec un masque. Comme si tu avais besoin de cacher tes cicatrices et ton désordre à celui qui te connaît dès le sein de ta mère. C'est lorsque tu planes que tu es lourd et faux.

Chante ta vie

Laisse ta vie chanter. Les psaumes t'aideront. Chante la joie de sa présence en toi, la délivrance qui t'advient, l'amitié des frères sur la route, l'angoisse et la douleur qui t'étouffent, la beauté du monde que tu habites, pauvre citadin qui marche les yeux clos. Tant et tant d'autres chants...

A force de chanter ta vie à Dieu, tu verras : elle embellit. Je gage que le psalmiste qui vitupérait ses ennemis devant la face du Dieu trois fois saint a choisi le bon chemin pour apprendre à les aimer.

Chante ta peine et ta détresse. Tu n'en guériras pas pour autant, mais tu vivras mieux. Prends ta vie à bras-le-corps, chante-la à Dieu. Essaye.

Sois sûr que Dieu est proche

Sois David. A mesure humaine, ce rouquin n'était ni très sage, ni très spirituel, ni très saint. Sur tant de maîtres de sagesse il a l'avantage de savoir Dieu tout proche et de nous le dire à gorge déployée.

Dieu est proche, infiniment plus que tu ne saurais le concevoir ou l'imaginer. Même lorsque tu le veux, le crois et l'espères loin, Dieu est présent. Non pas pour te juger ou te condamner. Pour t'attendre.

CHAPITRE III

DEVIENS UN HOMME NEUF

Sois comme tes maîtres

Sois Marie et sois Zachée, sois Pierre qui renie et qui aime, sois l'aveugle sur le chemin et Lazare dans son tombeau, sois Marie aux pieds du Seigneur. Si tu es agité, sois Marthe, et si tu ne peux te taire, crie comme les malades au passage du Christ.

Sois le larron et Simon de Cyrène, sois le centurion au pied de la Croix. Voilà tes maîtres, voilà tes frères. Regarde-les, glisse-toi parmi eux. Si jamais tu devais un jour être Judas, hâte-toi de te repentir et ne te pends pas.

Tu n'es pas jugé

Nombre d'hommes et de femmes quittent Dieu parce qu'ils croient qu'il les juge. N'ont-ils donc jamais lu l'Évangile de la femme adultère ? N'ont-ils donc jamais chanté ces psaumes désespérés qui semblent cracher à la face de l'Éternel la détresse d'un homme qui n'en peut plus ?

Non, Dieu ne condamne pas. Il n'est pas aveugle sur nos limites ni sur nos failles, mais dans la force de son amour, il atteste à ce moment-là qu'il y a en nous plus que ce mal. Dieu, notre avocat.

Chante la miséricorde

N'attends donc pas d'être pur et sans péché pour te présenter devant Dieu. Sans insolence ni bravade, avance-toi vers celui qui t'offre la santé. Chante-lui ta détresse et ton amour, et lui te subviendra.

Ce chant, jailli de ton cœur, sera ta délivrance et ta guérison. Déblaie toujours en toi un espace pour cette prière. N'attends jamais d'être un saint pour prier. Demande à David de t'apprendre à oser. Puis, chante de tout ton cœur son amour et sa miséricorde.

Reconnais ton péché

Celui qui parle aujourd'hui du péché a mauvaise presse. Qui pèche et qu'est-ce que le péché ? Tu te reconnais volontiers pécheur, mais tu localises mal ton péché. Il ne s'agit pas de confondre le péché et la conscience de ta finitude, pas plus que la justice avec cette normalité dont on parle partout et qui, au fond, ne veut rien dire.

Pas plus que justice selon l'Évangile ne veut dire normalité, équilibre, sentiment de bien-être, le péché n'est assimilable à un sentiment de culpabilité, et même d'anormalité.

Bien des saints, selon nos normes, étaient des anormaux.

Appelle au secours

Regarde l'attitude des « saints pécheurs »

de l'Évangile : Zachée, Marie Madeleine, le larron, le centurion. Ils réalisent qu'ils sont pécheurs le jour où ils découvrent le regard du Christ posé sur eux. Non pas un œil réprobateur ou menaçant, mais un regard d'amour.

Ils perçoivent alors que, dans leur vie, des fils se sont détendus ou cassés, qu'il y a un fossé entre le Christ et eux, qu'ils ont creusé eux-mêmes, et ils appellent. Le Christ leur tend la main et ils bondissent en avant.

C'est dans ta rencontre avec le Christ que tu découvriras que tu es pécheur et non pas dans l'analyse des replis de ton cœur, fusses-tu un fin psychologue.

Entends ceux qui t'appellent

Tu découvres que le péché ne te coupe pas seulement du Seigneur, mais de tes frères. Seules les âmes de luxe, ou qui se croient telles, pensent ne léser que Dieu.

Ce fossé que tu creuses entre toi et le Christ, fût-il secret et connu de toi seul, te coupe de tes frères et te rend à leur égard aveugle, sourd et méchant.

Réconcilié avec toi-même et avec Dieu, tu le seras si, désarmé, tu te hâtes au service de ceux qui appellent vers toi et que tu n'entendais pas.

Ouvre-toi à la miséricorde

Quoi que tu en dises, tu es trop marqué par une civilisation du permis et du défendu, du « bien vu » et du « mal vu », pour découvrir facilement ce que l'Écriture dit du péché.

Ressasse inlassablement les paraboles de la miséricorde, vis la joie du fils accueilli et tu comprendras que tu étais prodigue. En tout temps chante la miséricorde de Dieu, et peu à peu tu verras en ta vie ce qui n'est pas en accord avec elle. Seule la miséricorde accueillie permet de voir le péché et de se détourner de lui. Tous les autres chemins sont des impasses.

Laisse-toi sauver

Si tu faisais l'économie de cette démarche,

tu ne comprendrais pas le beau nom de Sauveur.

Le Sauveur n'est pas celui qui fait des efforts à notre place, il n'est pas le Dieu qui replâtre, il n'est pas le recours auquel on fait appel lorsqu'il n'y a plus de recours. Il est ce bon médecin qui veille à nous mettre debout et qui nous veut guéris, cet ami qui se plaît à détruire nos chaînes, ce père qui épie notre retour de la porte de la maison, bâtie pour nous, et dont nous nous sommes enfuis. Pauvres images d'un grand amour.

Fais confiance à l'Esprit

Tu es préoccupé d'équilibre comme tes parents l'étaient d'efficacité, et comme ta grand-mère avait ses œuvres. On ne trouve pas son équilibre en le cherchant. Si la notion habituelle de péché ne te satisfait pas, ne te hâte pas de la remplacer par des normes encore plus contestables.

Il est des équilibres psychologiques qui sont de vrais déserts spirituels. Sans fermer les yeux sur tes failles ou tes blocages, sur ces motivations que tu sais si bien analyser, ou si mal, avance et crois que l'Esprit Saint sait faire feu de tout bois.

Sois modeste et libre

N'accepte pas la mode d'étaler à tout vent ses névroses ou ses complexes. Il est des lieux où l'on ne peut plus aller sans cette tenue-là : ce sont de mauvais lieux.

Apprends au contraire à te connaître, prends la mesure de ton souffle et de tes forces pour la randonnée que tu entreprends, et ne sois jamais étonné que la vie change en cours de route. En toi, enfouies, des forces vives seront libérées.

Mets la main à la pâte

S'appuyer sur la miséricorde de Dieu pour ne pas changer sa vie à la lumière de l'Évangile est un mensonge. Ne te laisse pas dérouter par ceux qui voudraient te mettre sous la loi, ni par ceux qui te prêchent le laisser-faire.

Jour après jour, accorde ta vie à ton chant. Laisse l'Évangile passer, couler en toi, laisse-le faire des brèches, ouvrir des sillons, mets la main à la pâte. Ne consens jamais à ces petits arrangements qui te donneraient l'allure d'un juste et qui mettraient un mur entre toi et ton Dieu. Boiteux ou borgne, marche à sa suite.

Laisse-toi pétrir par l'Évangile

Incorpore l'Évangile jour après jour. Pour beaucoup, tu le sais, il est un revêtement qui cache bien mal les fissures, ou un échafaudage sans vraie prise sur la maison. Il doit être au contraire le ciment de tes murs, la chaleur de ton foyer, la lumière de ta demeure.

Prends ton temps, là encore. La hâte te ferait prendre des citernes pour des ruisseaux. Les eaux de cette source-là coulent lentement en toi et n'auront jamais fini d'irriguer et de féconder la terre de ton cœur.

Prise et reprise en main par l'Évangile, ta vie deviendra une bonne nouvelle, pour toi d'abord, mais aussi pour ceux qui t'approcheront. Signe efficace de la miséricorde. Icône de la Résurrection.

Deviens toi-même

Sur ton île, tu te voyais beau et bon. Rien à voir avec cet être que tu découvres dans les yeux de tes frères et qu'on te dit être toi-même. La bienveillance fraternelle t'aide à supporter en paix et abandon ton vrai visage, celui que tu pouvais cacher, lorsque tu étais seul.

Tu es et tu n'es pas. C'est à partir de là que, jour après jour, la main dans la main de tes frères, tu deviendras ce que tu es dans le cœur de Dieu, ton vrai visage.

Accepte-toi

Supporte en paix la surprise que te cause la découverte de tes traits véritables. Tenter de comprendre, jour après jour, sous le regard du Christ et des frères, qui tu es, ce qui palpite au fond de ton cœur, n'est pas vaine curiosité, mais réconciliation.

Se réconcilier avec soi-même est un rude labeur. L'Évangile doit pourtant pénétrer jusque-là. Il transfigure tes racines, ton secret et jusqu'à ton hérédité.

Deviens enfant

Rares sont les hommes qui consentent à ce qu'ils sont. L'armure du militant, les discours de l'idéologue, la pratique exacte du chrétien sont autant de masques à portée de main.

L'aventure de la foi et de la vérité est un autre chemin. Elle n'a rien de complaisant, de narcissique ou de resserré. Elle consiste à devenir chaque jour plus vulnérable à ces appels, à ces rencontres, à l'imprévisible qui fait de nous, au fond, ces enfants dont parle le Christ dans l'Évangile.

Heureux les vieillards qui ont ce regard d'enfant. Ils nous rajeunissent et nous apaisent.

Accueille la pauvreté

N'attends pas la vieillesse pour rajeunir. C'est lorsque tu peux vivre en plénitude, au cœur de l'action, au moment de l'amour, à l'éclosion des amitiés, que tu dois t'engager sur le chemin de la jeunesse et de l'enfance selon l'Évangile. Sinon tu pervertiras ton action. Tes amours et tes amitiés seront détournés par ton instinct de possession.

Cette jeunesse, au fond, est la pauvreté du cœur des Béatitudes. Quand elle s'offre à toi, ne la fuis pas.

Sois en accord avec Dieu

Comment pourrais-tu croire vraiment à la résurrection des morts si, dès maintenant, tu ne pressens en ton cœur et en ton corps les symptômes de ce mystère ? Non pas des sensations spirituelles fulgurantes, des percées sublimes sur l'invisible ; plutôt la perception furtive qu'à certaines heures vie et amour sont vraiment synonymes, qu'il est des moments qui ne s'effaceront jamais, une joie que nul ne nous ôtera, un accord profond entre Dieu et l'homme.

Si ton aventure t'a conduit jusque-là et s'il t'arrive de parler de la résurrection, dans les yeux de ton interlocuteur tu verras que tu ne débites pas des sornettes.

Change ton cœur

Un homme neuf. L'Évangile ne te retape pas, ne te restaure pas. Il te refait. Il te reprend de fond en comble à partir de ce cœur que Dieu a visité. Tu sais d'où tu viens, tu ne sais pas où tu vas. Qu'importe ! Heure après heure, recueille-toi, apaise-toi, marche humblement devant ton Dieu.

Tu seras émerveillé par la beauté qui t'entoure. Peut-être découvriras-tu aussi la tristesse. En tout cas ton cœur de pierre deviendra cœur de chair. Tu vas apprendre à voir, à écouter, à tendre les mains, à aimer. Sois heureux.

CHAPITRE IV

RENCONTRE TES FRÈRES

Ne va pas tout seul

Un père, des frères, voilà ce que tu as trouvé sur ta route. Tu n'es pas seul lorsque tu cherches Dieu. Tu t'engages sur un chemin où tous les hommes sont appelés, convoqués. Un seul chemin. Il ne s'agit ni de routes parallèles ni d'un itinéraire facultatif. Jésus a dit : « Je suis le Chemin. »

Bon gré mal gré, dans cette voie si personnelle, tu es maintenant le frère de celui qui te conduit en taxi, de ton patron, de ta femme de ménage, de ton fils, de ta mère. Quel étrange jeu des familles, à moins qu'il ne s'agisse d'inflation verbale.

Pourtant la parole est là : « Va dire à mes

frères que je monte vers mon Père, et votre Père... »

Garde l'œil vif

Bien souvent on a joué avec les mots. Cette fraternité à laquelle Jésus ne s'est pas contenté de rêver, mais qu'il a voulue, s'est subtilement organisée pour se détruire. Il y a eu les nécessaires diversifications fonctionnelles et, à leur ombre, l'établissement de vraies classes.

Aujourd'hui, quand tu me dis que nous ne sommes pas frères, tu as l'œil plus vif et moins accoutumé que le mien. Il faudrait être sourd et aveugle, ou sot, pour ne pas voir parmi les disciples du Christ le grand débat qui se poursuit : qui de nous est le plus grand ? Et le même regard et la même réponse : « Le plus grand parmi vous se fera esclave. »

Regarde autrement les hommes

Toi qui cherches Dieu, te voici investi de

tous côtés par ces hommes venus des cinq continents et de tous les siècles de l'histoire. Ne t'en laisse pas conter et n'appelle pas trop vite tes frères ceux que tu ne connais pas.

A ton tour de ne pas te payer de mots. Apprends jour après jour à regarder autrement les hommes et les femmes qui t'entourent. Va de Dieu à eux, d'eux à Dieu. Demande au Père de te faire découvrir en eux les traits, la ressemblance qui te permettront de les appeler frère, sœur.

Vous avez un air de famille, fils de la miséricorde.

N'aie pas peur de l'Église

Toi qui t'es mis en route et qui es descendu dans ton cœur, tu as peur de l'Église, je le sais. Je ne vais pas t'assaillir à grands coups d'apologétique. Je ne vais pas t'encourager à choisir l'institution contre l'aventure, et la sécurité contre cette joie imperceptible et furtive que tu as commencé à goûter.

J'essaierai de te faire aimer l'Église, pressentir sa réalité sans t'obliger jamais — que Dieu m'aide — à fermer les yeux sur ses faiblesses ou à justifier ce qui ne saurait l'être.

Reconnais ce Corps blessé

Je connais des hommes qui ont choisi Dieu et pour lesquels l'Église est la nombreuse famille dont on se charge lorsqu'on épouse la femme que l'on aime : la belle-mère en somme. Ceux-là n'ont pas tenu longtemps et ont repris leur mise, purs et intacts, solitaires et amers.

Dieu ne cesse en effet de les renvoyer à ses fils, et le Christ à son corps. Mais ils ne peuvent pas voir, ils ne veulent plus voir tant le Corps est blessé, malmené, peinturluré, opaque. Combien d'entre nous oblitèrent trop vite cette détresse…

Ne sépare pas le fruit de l'arbre

Tu as peur de l'Église et tu la méprises un peu. Lorsque tu l'as rencontrée, tu aimais la beauté de sa liturgie, la générosité de certains de ses prêtres, les monastères, les chrétiens engagés.

Aujourd'hui, tu me chantes un autre air. Tu dis l'Église dure, inconséquente, menteuse ; tu l'accuses d'user de poids et mesures différents selon le client. Tu veux en être sans en être et tu ne comprends pas toujours que j'en sois.

Séparer Jésus de l'Église et l'Église de Jésus comme on distingue l'œuvre de l'auteur, le fruit de l'arbre, le fleuve de la source est facile et mortel. Les purs de tous les temps en ont rêvé. D'un côté Jésus, sa présence, son rayonnement, son intégrité ; de l'autre l'Église, qui oscille toujours entre l'image de la Vierge Mère et celui de la prostituée.

L'Église n'est pas un moindre mal. Elle est ce lieu paradoxal humain, très humain, dans lequel vit et agit l'Esprit de Dieu, le lieu de cette secrète alchimie où Ève redevient Marie, où l'humanité naît à son visage d'éternité.

Reste sobre

Ne te gorge pas trop vite d'un lyrisme de boulevard qui exalte le peuple de Dieu comme naguère on exaltait d'autres aspects de l'Église : le prêtre, le pape, que sais-je ?

La beauté de l'Église exige un discours sobre, net, sans complaisance et sans enflure. Les modes se succèdent, ne t'y mets pas trop vite. La sobriété est le signe d'un amour sain.

Garde ta lucidité

A tes yeux cependant, et aux miens, l'Église apparaît bien peu travaillée par le message de libération et d'amour qu'elle se dit la mission d'annoncer. Sache bien qu'il ne t'est pas demandé en entrant dans l'Église et en y adhérant d'accepter l'Inquisition. Au contraire, le signe que tu es vraiment de ce corps sera pour une bonne part la lucidité paisible et forte que tu auras sur ses mensonges.

Ne te crois pas trop vite Robin des Bois. Ne sois pas davantage un mouton de

Panurge. Rien de cela ne t'est demandé. Sois membre du Corps du Christ.

Demeure là d'où tu viens

Apprends à vivre dans l'Église sans te couper du monde dans lequel tu es né. Une forme de militance et même de service déracine. L'Église ne se construit ni au-dessus ni à l'ombre du monde, ni à côté de lui.

Membre de l'Église, tu dois être là d'où tu viens et où tu demeures un signe de l'amour et du don, un messager de liberté et de réconciliation, un porteur de bonne nouvelle, une bonne nouvelle.

Reste où tu es

Ne te hâte pas de partir pour le désert. Tu risquerais d'y retrouver de vieux fantômes. Habite en paix ton cœur et demeure librement là où tu es. Il ne convient pas que les chercheurs de Dieu se regroupent comme les brebis lorsqu'il pleut ou qu'il vente.

Va librement ton chemin et sache faire de la solitude ta compagne. Ne crains pas si tu tombes ou si tu gémis. Tu es en train de préparer ta maison pour la rencontre.

Accueille celui qui vient

L'autre qui te visite n'est pas un spectacle pour te délasser. Ne joue pas avec lui. Plutôt que de l'examiner comme un insecte, ferme les yeux. Consens aux rencontres vraies, sinon poursuis ta route.

Dans ta maison et dans ton cœur accueille le visiteur comme un ange de Dieu, c'en est un : dresse la table, assieds-toi, écoute et bénis celui qui te visite.

Côtoie tous ces hommes

Il en est qui fuient la ville comme un mauvais lieu. Il en est qui l'adorent comme un saint des saints dont ils ne sauraient quitter le seuil.

Sans bassesse et sans hauteur côtoie ces hommes et ces femmes qui croisent tes routes.

Bénis Dieu qui les a appelés à le voir face à face même s'ils ne le savent pas. Sache qu'ils seront pour toi des compagnons d'éternité, le matériau du Corps du Christ, les pierres de la nouvelle Jérusalem.

Aime la solitude

Hors de la ville ou dans ta chambre, ne crains pas la solitude. N'en fais pas un refuge où tu te conterais des fables. Dans le secret, déplie-toi, déroule-toi, apaise-toi. Laisse monter à la surface ton bonheur et ton angoisse.

Visite ton cœur avec la parole de Dieu comme lampe. Arrête-toi à ce recoin, regarde-le dans les yeux. Dans la solitude, apprends la patience et la bienveillance envers toi-même. Si tu supportes facilement d'être seul, dis-toi que tu es mi-partie un sage, mi-partie un égoïste.

Va de la solitude à la communion

La part de solitude et de communion

dans nos vies n'est pas une affaire de dosage, pas davantage une question de tempérament. Tu peux partir de là, mais sans t'y arrêter. C'est en allant aux sources de ton cœur que tu découvriras les vrais rythmes de ta vie. Jour après jour, après bien des tâtonnements, des échecs et des reprises.

Chez les uns, la peur engendre la solitude et le repli sur soi ; chez d'autres, elle provoque les rencontres, les soucis, les engagements. Il faut aller au-delà. Il ne s'agit pas de trouver un équilibre, mais de vivre vraiment.

Sois présent

Au fond ce sont les vrais solitaires qui savent le mieux vivre les rencontres, et ceux qui ne consomment pas les autres ni les choses, qui sont les plus aptes à garder cette distance qui est le contraire du viol et qui conduit parfois à se retirer, à fermer sa porte et à entrer dans le silence.

Il n'y a pas des solitaires et des solidaires. Il y a des vivants et des mourants. Et la vie est faite de présence à soi et de présence aux autres.

Sois un combattant vrai

Que le souci de toi-même, bon et bienfaisant, ne te fasse pas oublier les causes justes et les combats inévitables. Tu ne peux dormir ton soûl et manger à ta faim sans penser jamais à ceux qui souffrent.

La qualité de ton combat, la force de tes engagements viendront pour une part de la vérité de ta vie, pour l'autre de ta capacité à garder l'œil clair. Ne hurle pas avec les loups. Ils sont déjà assez nombreux.

Ne t'enfuis pas

Beaucoup d'hommes et de femmes comme toi s'absentent des combats de leur temps pour des raisons de conscience. Lassés des idéologies, assourdis par des phrases creuses, méfiants à l'égard d'une information mal menée, ils se retirent.

Ne t'enfuis pas trop vite. La vérité se

cache parfois derrière tous ces oripeaux : c'est le cri du juste qu'on opprime, du pauvre qui a faim et de l'enfant qui meurt. Si tu entends, la lumière te viendra en marchant.

Vois la main qui appelle

Je sais bien que pour toi communier, être ou devenir solidaire, prendre parti sont des attitudes que tu n'aimes guère. Tu préfères exister, être à l'aise dans ta peau, comme tu dis.

L'un ne va pourtant pas sans l'autre, et l'aise que tu trouveras à aller seul ton chemin risque d'être illusoire, si tu ne vois pas la main du frère au bord du chemin, qui a besoin de ta main pour se relever et faire route avec toi.

Prends parti avec ta vie

Certains, parce qu'ils lisent les journaux et regardent la télévision, se croient solidaires de l'humanité qui souffre et qui combat.

Il suffit à d'autres d'une conversation autour d'une table pour qu'ils se croient engagés.

La qualité de ton parti pris pour ceux qui sont dans la détresse ne se mesure pas à la quantité de ton information. C'est ta vie qui doit changer, ton comportement, tes pratiques. Sinon tu feras du bruit, tu parleras la langue de ceux qui souffrent et tu ne seras rien.

Ne rêve pas

Tu rêves peut-être de ces temps où les chrétiens, comme un seul homme, luttaient pour une cause juste. Tu as bien raison d'en rêver car ils n'ont jamais existé. Ta souffrance est de voir dans tous les camps des hommes de bonne foi qui prient pour le succès de leur cause.

Que ton combat ne t'empêche pas de prier pour y voir plus clair, de te prévenir pour ta partialité. Tu n'en sortiras pas affaibli. Peut-être, par là, tu vas entrevoir ce que l'on appelle le péché.

Lutte et prie

La densité de ta prière nourrira ton combat et réciproquement. Le schisme des spirituels et des militants navre le Corps du Christ. On invoque l'évangile de Marthe et de Marie. Cela ne change rien à l'affaire.

Heureux ceux qui luttent énergiquement contre l'oppresseur et qui prient pour les bourreaux. Heureux ceux dont l'intelligence des situations ne refroidit pas le cœur. Heureux les hommes de prière qui n'ont pas l'air de sourds.

CHAPITRE V

APPRENDS À AIMER

Vis l'amour et la liberté

Amour, liberté, ce sont des mots que les chrétiens se sont pris à aimer. Veille à ne jamais les récupérer. Il y a une manière d'ajouter un adjectif ou un sous-entendu qui est du vitriol sur un beau visage.

Jean a dit « Dieu est amour », Paul a dit « Là où est l'Esprit, là est la liberté ». Parce que d'autres parlaient d'amour et de liberté autrement, les chrétiens ont souvent précisé, nuancé, fait des retouches. Ils ont ajouté des moustaches à la Joconde.

Souviens-toi seulement et toujours que le chemin de l'amour et de la liberté est escarpé, et que si tu risques un jour de rencontrer soudain la Croix du Christ, c'est sur cette route-là.

Si tu veux

On ne badine pas avec l'Évangile. Comme tout amour, il a ses exigences. Patiemment ou fortement, le Seigneur te le rappelle : « Si tu veux... » ; « Qui n'est pas avec moi est contre moi. »

Il t'est demandé de vérifier tes attitudes et tes choix à cette lumière, de les confronter à ces paroles. Ces exigences sont les lois d'un amour vrai et non une contrainte à endosser comme un harnais ou bien un uniforme. Tu n'es ni une bête de somme, ni un serviteur, mais un ami : joug facile, fardeau léger.

Écoute bien

Peut-être seras-tu en désaccord avec la position commune des chrétiens. Peut-être seras-tu désapprouvé. Si l'on te dit non, écoute bien et essaye de ne pas aller plus loin, dusses-tu en souffrir. Si l'on te dit peut-être, marche humblement et veille sur toi-même.

Reconnais-toi solidaire du petit et du pauvre, et ne te targue jamais de ta quête de

Dieu pour le laisser à la traîne, pis pour le mépriser. Il serait étonnant qu'il n'ait pas dans sa besace une once de vérité. Quant à l'opinion toute faite des puissants, t'empêche-t-elle vraiment de vivre ?

Tu dois vivre

Il s'agit bien de vivre, et à cette étape plus qu'à d'autres il convient de le rappeler. Certains s'épuisent en de vains combats que personne ne leur demande de mener. Militance sans cœur, œuvre de nos démons familiers. A ce moment, rappelle-toi que tu dois vivre en plénitude cet Évangile que tu écoutes. Tu commences à peine à en goûter la sève et enfin Dieu lui-même, si tu y consens, te conduit.

Aime sans illusions

Toi qui cherches Dieu, il n'y a pas que les idées qui te déchireront les mollets sur les chemins. Tu découvriras bientôt que ces frères que tu avais d'abord regardés de loin, avec lesquels ensuite tu t'étais associé, que tu avais enfin aimés, étaient plus tes frères de loin que de près.

Proches en effet ils te semblent précaires. Leur fraternité liturgique se dissout en cohabitation pacifique, dans les meilleurs cas, une fois la messe finie. Attention de ne pas chanter en dehors du chœur, ce serait pire.

Tu découvres l'épreuve de la fraternité.

Sois bon

« Celui qui dit aimer Dieu et qui n'aime pas son frère, celui-là est un menteur. » Le doux saint Jean a des phrases terribles, auxquelles les premiers chrétiens ont fait écho, prêtant celle-ci au Christ lui-même : « Tu as vu ton frère, tu as vu ton Dieu. »

Il est des heures où ces affirmations apparaissent intolérables. Frère, cet homme dont je n'arrive jamais à voir le vrai visage ? Cette femme dont la main gauche reprend ce que donne la main droite ? Frères et sœurs, ces communautés tristes, fausses, bavardes ou taciturnes ou méchantes ? Communautés où l'on a froid. Sache, à travers leurs rides, déceler leur beauté. Dis-toi patiemment et avec humour que leur paille est moins épaisse que ta poutre. Sois bon avec eux — et avec toi.

Garde la tendresse

Il est difficile de passer de la conviction de la fraternité à l'amour fraternel. Dieu et le temps t'aideront si tu t'aides toi-même. N'hésite jamais entre l'idée généreuse et le verre d'eau fraîche.

Sans prière, la théologie s'égare en radotage. Sans tendresse, les groupes les plus communautaires deviennent des enfers — ou des asiles. La patience, la bienveillance, les préjugés favorables, la douceur et la force, l'écoute et le pardon : autant de bonnes fées qui veilleront à la naissance et à la croissance en toi de l'amour fraternel.

Aime comme Dieu

Ne confonds jamais charité et mainmise. Il y a des amours qui encagent. Tel se dit ton frère et veut te voir à son image. Regarde toi-même ce dont tu es capable. Notre Dieu, quant à lui, nous enseigne comment être ensemble à son image. Trois en un. Un en Trois. Et les Trois : des Personnes. Lorsque tu abordes ton frère pense souvent à cet appel des liturgies d'Orient : « Aimons-nous les uns les autres afin de confesser avec foi et vérité le Père, le Fils et le Saint-Esprit... »

Tu aimes ton frère, tu imites Dieu
Tu vois ton frère, tu vois Dieu.

Communie

Si tu entres en communication avec ton frère, en vérité, tu goûteras la joie. Tu connaîtras aussi l'épreuve. Tant d'hommes et de femmes qui ont aidé, qui ont aimé, de loin, d'en haut, ne connaissent ni la saveur ni le feu de la communion.

Comme le bois est raboté afin de s'ajuster sans clou ni colle, comme la pierre est polie pour bâtir la maison, comme la laine est assouplie et affinée sur la quenouille, tu devras t'abandonner au mouvement de la communion et à ses lois.

Ne tais pas ton amour

Avec des chrétiens, il te sera plus facile de parler engagement ou liturgie, idéologie et politique que d'amour. Ne t'accommode pas de cette impasse. Entends-moi bien : je ne t'invite pas à ces confidences troubles auxquelles on peut se livrer en petit groupe. Je désire seulement que cette part de notre vie ne soit pas remisée à la cave, au grenier ou à l'alcôve.

Sois loyal envers l'amour

Il faut être aveugle et sourd pour ne pas voir la présence envahissante d'une sexualité trop longtemps refoulée, et en même temps la pauvreté désespérante du discours chrétien actuel sur l'amour.

Lorsque tu te découvres homme ou femme vivant, ne tombe pas, pour l'amour de Dieu, c'est le cas de le dire, dans un discours qui a plus à voir avec les sermons de Tartuffe qu'avec la Bonne Nouvelle de Jésus Christ.

Habite ton corps

Tu apprendras à aimer selon l'Évangile en habitant ton corps. Il n'est ni ton compagnon ni ta maîtresse ni ton âne. Il est toi-même. Si tu n'habites pas ton corps, si tu n'es pas ton corps, tu te prives de vraies joies. Joie et paix du travail et du repos, du repas et du sommeil, de la rencontre.

Souvent tu malmènes ton corps ou bien tu le cajoles dans un rapport très étrange avec lui, qui fait de toi un piètre disciple de la Résurrection.

Éclaire ton cœur

Aux tabous ont succédé des expériences, et à l'intolérance le discours libéral. Ce babil est inadéquat dans une question qui te prend aux entrailles.

Le cœur, c'est toujours de là qu'il faut

partir, sera ton maître si tu le gardes sous la lumière de Dieu. Il t'enseignera le désir et le don, et te gardera de la possession goulue du frénétique comme de la frigidité malsaine du refoulé. Ne confonds jamais le dessèchement du cœur avec la chasteté évangélique. Tu connaîtras les tâtonnements, les échecs, peut-être la déception. Le péché, en toi, force de perversion et d'aliénation, s'infiltre dans cette zone très belle de notre aventure et y pond ses œufs mortifères.

Éclaire ton corps

Ne dissocie pas trop vite la part physique de l'amour et sa part spirituelle. Un corps qui aime en vérité est pétri d'esprit, et seul un esprit aimant sait enseigner au corps les gestes de l'abandon et de la tendresse.

Ne te fie pas à la publicité mensongère d'une mode prétendument libératrice, pas davantage au discours de Tartuffe qui se donne la discipline, mais rougit de concupiscence à la vue du sein d'une femme.

Libérés et clandestins de l'amour te déroutent des vrais chemins que la Genèse ouvre sous tes yeux, que le Christ a bénis à Cana, que les Prophètes ont chantés et parfois avec une belle et saine impudeur.

Ne parle pas de morale

Qu'il est loin des Prophètes le discours de certains moralistes, grands-pères des sexologues de bazar. Tous les cas sont prévus. Ceci est bien, cela est mal. Ceci est un désordre et cela bien en place.

C'est à saint Louis qu'il aurait fallu demander de parler d'amour, lui qui brûlait pour sa provençale de Marguerite, et non à saint Alphonse qui était célibataire et scrupuleux. Le ton eût été plus juste.

Sois patient

Je pense que l'amour naît sur fond d'amitié et de tendresse. Si tu cultives l'amitié pour tes proches et la tendresse dans ton cœur, l'amour y trouvera un jour sa place. Tu verras ce qu'il a en propre, ce qu'il emprunte à la tendresse et à l'amitié pour devenir ce qu'il doit être : le chant de ton cœur, de ton esprit et de ton corps, le cri d'Adam émerveillé au Paradis : « Celle-ci est chair de ma chair, os de mes os », et l'incarnation de la parole du Christ : « Ils seront deux en un seul être. »

Respect, amitié, tendresse, écoute, don, patience t'apprendront que l'amour ne se résume pas au contact de deux corps. C'est un mystère bien plus grand.

Un appel dissonant

Dans la découverte de l'amour, certains entendent un appel, dissonant au début, et toujours déroutant : ce cœur à cœur qui s'épanouit habituellement dans l'union des esprits et des corps pourrait bien engager sur les routes du célibat pour le Royaume.

Je sais combien cette parole peut apparaître étrange. Garde-toi de penser que le célibat serait de remiser ces énergies qui te font chanter et vivre. Le Christ ne veut ni t'en amputer ni te les voler. Il veut leur faire prendre une autre route.

Ne compare pas

Si cet appel au célibat touche ton cœur, prends-toi en patience. Regarde le monde qui t'entoure, il ne t'aidera pas. Regarde ta faiblesse ; mieux vaut la connaître que l'oblitérer. Regarde l'Église et reconnais, sans amertume, que son discours sonne mal à tes jeunes oreilles. Tu en sais trop et peut-être pas assez pour comprendre qu'elle en soit arrivée à une parole embarrassée.

Regarde surtout le Christ et demande l'Esprit. Fais un pas après l'autre. Sache qu'il y a des blessures et des ruptures fécondes si nous les vivons avec cœur.

Le célibat est un choix. Il doit être paisible et lucide. Tu ne renonces pas à te marier : tu choisis une autre voie. Ne te hâte pas de comparer et d'évaluer ton chemin et celui de ton frère.

Supporte cette blessure

Célibataire pour le Royaume, tu seras tenté par toutes les supercheries que la vie te présentera sur un plateau. Méfie-toi de l'endurcissement du cœur, de la passion du pouvoir et du savoir, des transpositions mystiques de l'érotisme de boulevard, des émois adolescents de la prière. Tu as choisi un chemin qui comporte une blessure. Cette blessure peut et doit devenir féconde. Ne la nie pas, ne la referme pas. Apprends à aimer à l'école du Christ comme doit le faire tout homme, quelle que soit la route qu'il emprunte.

Préfère le Christ Lumière

Sur les routes où t'entraîne la vie, ne sois pas un chrétien dont les sentiments s'alignent comme les pots de condiments dans une cuisine. Ici l'amour, ailleurs la foi, la sensualité, l'intelligence. A ce régime s'opère une vraie perversion et, tandis que l'amour se spiritualise à corps perdu, la sensualité devient luxure.

Au sage qui, d'échelon en échelon, quitte son corps pour devenir esprit, préfère le Christ transfiguré sur la montagne dont le corps ruisselle de lumière. La tâche est rude et demande du temps, de la force, de la douceur et de l'humour.

Ne choisis pas

Tu te demandes parfois pourquoi tu n'arrives pas à choisir entre le Seigneur et celle ou celui que tu aimes, entre le Seigneur et cette vie que tu bois à longs traits, le Seigneur et ces activités qui te passionnent. Peut-être n'arrives-tu pas à choisir parce qu'il n'y a pas de choix à faire. L'amour du Christ est tel que, loin de dévaster les autres amours, il les vérifie et les féconde.

Réponds

La vie chrétienne ne consiste pas en deux étapes consécutives dont la première serait de rupture, l'autre de choix. Il y a l'appel : il vient de Dieu, la réponse, elle, est tienne. Au sein de cette réponse, s'opèrent jour après jour des dégagements, des choix, des options, des mises en place. Seule une réponse franche et aimante t'éclaire dans ce discernement que personne ne peut faire à ta place.

CHAPITRE VI

ASSIEDS-TOI À LA TABLE DU SEIGNEUR

Ne banalise pas

Les sacrements sont le lieu de tes retrouvailles avec le Sauveur. Les bien vivre n'est pas une mince affaire. Nous avons connu la surenchère des confessions et des communions. Nous avons redécouvert le sens du baptême. L'ordre et le mariage nous touchent. Quant au sacrement des malades, il est toujours temps d'y penser.

Tu vas à la messe et tu communies. Cette démarche te semble naturelle. Et tu as raison. Je crains seulement que, de même qu'autrefois on isolait la communion en l'entourant de précautions sacrales, aujourd'hui on la banalise par des motivations communautaires.

Deviens son corps

Communier au corps du Christ, boire son sang est un geste grave. Au creux de ta fragilité, dans la paume de ta main, tu reçois le Seigneur de l'univers. Il y a ici plus que Salomon.

Tu deviens le Temple en accueillant le Ressuscité. Tu deviens son corps et tout en toi alors appelle ou devrait appeler les frères. Tu reçois le corps du Christ, tu deviens membre du Christ. L'Esprit repose sur toi. Vis-tu cela ou te contentes-tu de fêter dans la joie une rencontre avec des proches, à moins que tu n'accomplisses un rite auquel tu tiens ?

Découvre la présence

Ce soir tu décides que demain tu donneras du temps à la prière. Ne te hâte pas de prévoir que tu iras à la messe. Peut-être vaudrait-il mieux que tu restes chez toi, que tu fermes ta porte et que tu pries ton Père dans le secret.

Aller à la messe à tout bout de champ n'est pas la bonne solution pour garder ou retrouver le sens de l'Eucharistie. Quel groupe ne se réunit sans la célébrer ? Comme s'il n'y avait pas d'autres prières, comme si nous n'avions pas à découvrir la présence de Dieu dans notre cœur, dans sa Parole, dans nos frères. Ces découvertes n'éloignent pas de l'Eucharistie, elles y préparent.

Cherche la note juste

Il est difficile de trouver la note juste entre une participation active à l'Eucharistie et la présence à Dieu et à soi-même qu'elle requiert. Comme il est difficile de vivre en groupe et de garder son autonomie.

C'est une façon de chanter, de se tenir qui aide à trouver le ton exact. Tu n'es pas à l'école, tu n'es pas au marché, tu ne participes pas à une manifestation, tu es assis à la Table du Seigneur.

Repose-toi

A table avec le Christ, tu seras à la bonne hauteur pour voir ce qui t'a peiné ou blessé sur la route. Ton souffle s'apaise et tes muscles se détendent. Chante à cette table comme un juif pieux au repas du sabbat. Que la lumière se reflète dans tes yeux. Le Seigneur est ton Berger, il ne te manque rien.

Tes plaies deviennent cicatrices. Ton cœur exulte et tes entrailles jubilent, ta chair elle-même repose en confiance. Grande paix de ceux qui aiment la loi du Dieu vivant.

Reste avec lui

Tel psaume chante la joie, tel autre la miséricorde, et tu n'as aucune peine à t'y plonger. Il en est un que tu dois incorporer plus que tout autre, c'est celui qui chante la présence auprès de toi du Seigneur Berger. Nulle part dans la Bible on ne sent Dieu si proche.

As-tu remarqué l'affirmation, comme un accord de départ ? Il est inimaginable que quelque chose me manque : le Seigneur est mon berger. Et c'est ensuite la sollicitude et la tendresse d'un Dieu veilleur que chante le psalmiste. Ténèbres ou herbe fraîche ne sont que la toile de fond sur laquelle se dégagent le Seigneur et celui qu'il conduit. Et au terme, à l'étape, il y a Emmaüs avec cette table prête et l'huile parfumée pour les convives, le vin brun dans la coupe à ras bord. Ici le Seigneur reste. Reste avec lui. Repose-toi.

Célèbre la miséricorde

Tu as découvert dans les célébrations collectives de la réconciliation ce que tu n'avais jamais trouvé dans ces confessions furtives de ton enfance. Il est vrai que, pour beaucoup, la confession n'a pas laissé de très bons souvenirs. Formalisme, absence de vrai dialogue, réveil de la culpabilité, ridicule même de certaines accusations comme de certains conseils.

Tu éprouves une vraie joie à célébrer avec des frères et des sœurs la miséricorde du Dieu qui t'offre sans cesse le bonheur de son Fils. Tu entres à nouveau dans le temple de l'Alliance, c'est bien ainsi.

Dans la paix, dis ton péché

Plus délicate est la démarche personnelle dont tu ne perçois plus tellement le sens ni le besoin. Pas davantage peut-être que les prêtres que tu rencontres.

Bannis le formalisme et la routine. Une fois évacués le ritualisme et la subjectivité que tu récuses, tu peux découvrir aussi la joie et la paix de confesser tes péchés et de recevoir l'Esprit qui te refait à neuf. Sans illusion sur ce que tu oblitères et que tu oublies, tu confesses les murailles que tu as levées entre le Christ et toi, tu les dis.

Devant le Christ Pardon

Que le penchant du prêtre qui te reçoit pour la psychologie, l'engagement ou même le démodé moralisme ne te fasse pas oublier où tu es, avec qui : devant le Christ.

Tu revis pour ton compte, à peine voilée,

l'expérience de la femme adultère — « Moi non plus je ne te condamnerai pas » — et de tant et tant d'hommes et de femmes qui ont entendu avant toi : « Tes péchés te sont remis, lève-toi, prends ton grabat et marche. » Le Christ est là, tu reçois l'Esprit, demeure attentif dans la foi.

Souviens-toi de ton baptême

Le matin lorsque tu t'éveilles et le soir quand tu te couches, signe-toi et souviens-toi de ton baptême. Un instant seulement. Que ce moment où tu as été greffé sur le Christ, où tu l'as revêtu, où il est venu habiter chez toi ne soit pas un souvenir, dont tu n'aurais d'ailleurs aucune mémoire anecdotique, mais ce sceau sur ton cœur que rien ni personne, ni la mort ni le péché ni le reniement ne peuvent effacer. Ton baptême a créé en ton cœur un lieu d'où tu peux toujours partir pour aller à la suite du Christ, où tu peux toujours revenir, car il t'y attend.

CHAPITRE VII

REVÊTS LE CHRIST

Réponds de tout ton être

Tout dans notre temps peut te laisser croire que la foi est une opinion. En politique, dans les grands débats d'idées, les mots charisme et foi sont aujourd'hui de mode.

La foi au Christ, ta foi est autre chose. Elle est la réponse de ton cœur, de ton esprit et de tout ton être à la Parole dont tu sais, sans jamais pouvoir le démontrer de manière analytique et dialectique, qu'elle est sans mensonge. Ta foi est oui au Christ.

Creuse ta foi

Laisse l'Esprit purifier ta foi. Il le fera

aujourd'hui avec la douceur de l'huile, demain avec l'ardeur d'un feu de ronces. Il le fera de jour comme de nuit.

C'est à pas lents, comme se lève l'aurore, que tu t'éveilleras à la foi vive. Passe du temps devant Dieu, mets-toi en état d'annonciation et tu goûteras la joie de Marie et celle d'Abraham qui se mit en route ne sachant où il allait.

Regarde la croix

A cette lumière regarde aussi la croix du Christ. Sache qu'elle est le chemin vers la vie et le signe du don, qu'elle n'est pas une explication mais un scandale. Bouche-toi les oreilles lorsque tu entendras débiter des discours faciles sur la croix.

Ce Dieu que tu cherches est mort à te chercher. Celui que tu prenais pour un guide ou un juge s'est saigné aux quatre veines pour te faire vivre. La miséricorde, c'est-à-dire l'amour sans préalable, est là. Ouvre grands les yeux et essaye de comprendre.

Prosterne-toi

Lorsque dans ce dur chemin vers ton cœur tu souffres ou tu combats, regarde le Crucifié, ne prétends pas trop vite l'imiter. Tu n'y arriveras pas. Si un jour la vraie croix du Christ est plantée dans ta vie, alors tu essaieras de ne pas l'arracher. Ne mets pas la croix partout et n'importe où. Tu peux la porter à ton cou comme le signe, jour et nuit, que quelqu'un t'a aimé à en mourir. Et le Vendredi où l'on fait mémoire de la mort de ton Dieu, prosterne-toi en vérité devant la croix, célèbre sa résurrection.

Accepte le mystère

Deux tendances réduisent le Christ. L'une ne voit que la croix sans la Résurrection, et fait de lui un modèle d'une vie donnée. L'autre contemple la Résurrection sans la croix, mythe somptueux, personnalisation de nos rêves.

N'essaie pas de séparer les deux faces de ce mystère. Il t'est donné tel quel, reçois-le dans la foi. Le Crucifié est ressuscité. Le Ressuscité est bien celui qui a été crucifié. Regarde, écoute, accueille.

Accueille l'Esprit

Il y a une connivence entre la Pâque et l'Esprit que tu découvriras dans l'Évangile et que tu goûteras dans ton cœur.

Point n'est besoin d'être savant pour entendre l'Évangile. Écoute le Ressuscité. Vois les effets du don de l'Esprit : le Christ donne l'Esprit et l'Esprit nous fait Christ. De l'un à l'autre ce mouvement dans lequel tu es entré devient feu dans ton cœur et te tourne vers le Père.

Prends l'habitude de nommer désormais ton Dieu : Père, Fils et Esprit. Ce n'est pas un luxe de mystique. C'est son nom.

Retrouve tes racines

On dit Jésus, Esprit. Il est plus difficile de dire Père. Dans notre vocabulaire, le mot a mal tourné. Les hommes y ont accolé des adjectifs ridicules : révérend, noble, grand.

Pourquoi Dieu a-t-il choisi d'être nommé ainsi ? Car il dit et redit qu'il est Père. Allons-nous faire comme pour d'autres noms, Éternel ou Fort, qui ont été gommés et remplacés par des expressions plus ajustées à notre goût ?

Regarde Jésus prier : « Père... » Essaye d'en faire autant et laisse peu à peu tomber comme des peaux toutes les images qui seraient des obstacles. *Abba,* Père... Retrouve tes racines.

Atteste Dieu

Entête-toi à répéter que le Seigneur est ton Berger, comme les enfants qui ont peur de la nuit se parlent à voix haute pour se redonner du courage. Ce faisant tu ne te mens ni ne t'illusionnes. Tu professes ta foi.

Le croyant n'est pas celui qui énonce ses convictions, bien calé dans son fauteuil et dans son assurance. Il est l'homme qui, dans la solitude et dans la nuit tout comme en plein soleil, atteste qu'un autre que lui, qu'il n'a pas vu, lui a parlé, l'a appelé. Lazare, sors !

Reconnais le Christ tout proche

N'imagine pas le Christ et ne pense pas à lui comme à un ami absent. Ne le réduis pas non plus à une idée ou à un concept. Il est vivant, présent à tes côtés, en toi. Ce n'est ni l'enfant de la crèche, ni l'homme des douleurs, ni le prédicateur de Galilée, c'est le Ressuscité aux mains et aux pieds percés, qui a promis d'être avec nous jusqu'à la fin du monde et qui proclame bienheureux ceux qui croient sans l'avoir vu. Laisse l'Esprit se joindre à ton esprit, alors ton cœur dira en vérité : « Jésus Seigneur. »

Accepte le Christ en sa vérité

Certains usent du Christ comme d'une référence, d'autres s'attachent exagérément à tel ou tel aspect de son passage ou de son œuvre. Ne le malmène pas ainsi. Laisse l'Esprit te faire découvrir sur la face du

Ressuscité la mémoire de la naissance, l'eau du baptême ; entends de sa bouche la parole évangélique, déchiffre sur son corps de gloire les cicatrices de la passion et du tombeau.

Vis dans le Christ

On te dit que tel ou tel saint a imité Jésus. En réalité le problème est ailleurs. S'il t'arrive par grâce d'avoir le goût ou l'occasion de reproduire l'une ou l'autre de ses attitudes ou de ses choix, fais-le humblement. Sache toutefois que ta route n'est pas dans l'imitation littérale, mais dans la communion. Qu'en toi soient peu à peu les sentiments qui furent ceux du Christ Jésus. Ceci est œuvre d'Esprit et non imitation. Plus que ton Modèle, Jésus est ton Seigneur.

Garde en toi la Parole

La Seigneurie du Christ dans ta vie consiste en un rapport de plus en plus clair, de plus en plus exact, de plus en plus souple de ton existence à l'Évangile. Tant et tant d'hommes se sont fourvoyés sur ce chemin. Ils y ont cherché des recettes et des normes au point d'en faire une lettre sans vie. Ne réduis pas l'Évangile, mais donne-toi la peine de l'assimiler. Tu y trouveras liberté et joie.

Suis le Christ

En laissant l'Évangile s'épanouir dans les traits de ta vie, tu découvres à tout moment que le Christ te précède. Comme toi il est né, comme toi il a connu la joie, la peine, l'amitié, la solitude et la fête ; comme toi il a été tenté, comme toi il a souffert. En tout semblable à toi, hormis le péché. Vivant avec lui tu fais de ta vie une route vers cette Pâque au-devant de laquelle il se hâtait. Le suivre, c'est laisser cette Pâque aimanter tous nos instants.

Reçois l'Esprit

Nul n'est de taille à saisir le message de l'Évangile, découvrir le visage du Christ, se mettre en quête de Dieu sans le secours de l'Esprit qui est Seigneur et qui donne la vie.

Mais l'Écriture dit que sur toute chair ce souffle a été répandu : acquiesce donc à son travail en toi, va vers la source en tout cœur d'homme descellée, qui a soif d'être bue.

Dieu lui-même par son Esprit se presse vers celui qui le cherche à tâtons.

Monte au Thabor

Tu commences ta route dans la nuit. L'Esprit en toi atteste que l'aube se lèvera bientôt. Ne te lasse pas de l'attendre. Que veille ton cœur. Il en est qui se découragent et qui prétendent ensuite que l'absence et l'obscurité sont la part des chercheurs de Dieu. Il faisait nuit, les disciples tombaient de sommeil et de fatigue lorsque Jésus se manifesta dans la lumière sur le Thabor.

Sois vigilant : tu es aussi convié à la rencontre sur la montagne.

Ne crains pas la nuit

La lumière de l'Esprit se marie volontiers aux nuits de notre terre. Nuit de la naissance à Bethléem. Nuit du Thabor, nuit de Gethsémani. Nuit du grand Samedi. Nuit de Pâques, reine des nuits. Longues nuits de prière de Jésus dans la solitude. Là, Dieu a révélé son visage à ceux qui veillaient : Marie, les bergers, les disciples, les anges. Visage d'enfant, visage de lumière, traits défigurés. Jésus : homme Dieu. Le Ressuscité.

Marche la nuit

Il est âpre le chemin dans lequel tu t'engages. Dépose une à une tes armes et tes réserves, et avance hardiment. Tu es à l'étape où la parole de Dieu, comme un glaive affilé, te semble blesser le plus solide en toi. Les certitudes acquises, les motivations pures, les grands désirs te semblent falots sous la lumière de l'Évangile.

Nu tu es sorti du ventre de ta mère, nu tu te retrouveras sur les chemins de Dieu. L'angoisse peut geler ton cœur, les mirages de retrait et de repos se succèdent rapidement devant tes yeux. Hâte le pas dans la nuit.

Cherche la clarté

N'idéalise pas la nuit dans laquelle se révèle à toi le visage de Jésus. Le sublime n'est pas un bon registre. C'est souvent au sein de l'obscurité épaisse et âcre de ton cœur que la lumière va se lever. C'est là que Jésus vient te visiter. Comme un secours inespéré, tu entends clairement la parole du Prophète : « Quitte ta robe de misère et revêts pour toujours la beauté de la gloire de Dieu. » Ton habit de fête, c'est la lumière du Christ en toi, sur toi : « Vous tous qui avez été baptisés en Christ, vous avez revêtu le Christ. »

Ouvre à l'importun

Ils sont plus nombreux qu'on ne pense ceux qui, un jour, ont touché la frange du manteau de Jésus et qui lui ont dit « Tu ». Trop ont ajouté très vite, comme par peur d'oublier : « Laisse-moi d'abord aller enterrer mon père, ou vivre ma vie », ou d'autres balivernes. Comme si Jésus devait nous anéantir, nous mutiler. Nos idées sur Dieu apparaissent parfois comme de terribles barrières sur le chemin vers Jésus. Il n'en continue pas moins de frapper à nos portes : Jésus, l'ami importun.

Il t'attend

Les artistes et les prédicateurs réduisent souvent Jésus aux grandes heures de son passage. Les mystiques l'ont parfois évoqué comme un de ces auto-stoppeurs aux portes des villes qui attendent qu'on les embarque. Dans ta vie c'est peut-être ainsi que tu rencontreras le Seigneur. Il est là et il t'attend. Et tes idées passent et tes pensées défilent jusqu'à ce qu'un petit bonheur ou un petit malheur ou une once de silence te permettent de l'apercevoir et de le saluer par son nom : *Rabbouni*.

Le voici

Il arrive aussi que tu le confondes avec un autre : l'histoire du jardinier et du ressuscité. Ce visage qui te bouleverse soudain, ton nom prononcé, ce coup de téléphone inattendu, cette parole de paix et de miséricorde douce comme de l'huile. Ne demande pas alors où se trouve ton Seigneur ni où on l'a mis. Il est là, c'est lui qui te visite.

CHAPITRE VIII

VOILÀ TA ROUTE

Marche avec Dieu

Voilà ta route, va hardiment. N'emprunte ni les sentiers de crête du solitaire, ni les drailles des moutons. Va sur les pistes où le peuple de Dieu, depuis Abraham, est en marche. Emporte toute ton existence, là elle prendra corps et sens. Qu'importent la chaleur ou le froid, la souplesse ou la lourdeur de ton pas ; tu es sur le bon chemin et Dieu lui-même marche en tête.

Marche avec les saints

Les saints. Tous ceux qui avant nous, autour de toi, se sont embarqués sur ce même navire et forment une immense chaîne de complicité dans la vie véritable. Ne crains pas de t'appuyer sur eux, de mettre tes pas dans les leurs, de regarder où ils regardent.

Chante déjà avec eux et aime penser que chaque fois que tu loues le Seigneur, chaque fois que tu prononces son nom, leur voix amplifie ta voix, leur prière porte ta prière.

Reconnais tes amis

Tel saint te paraîtra plus proche. Apprends alors à mieux le connaître ; interroge-le, fais-toi aider. Ainsi tes compagnons sur la route du Christ ne seront plus seulement ceux qui aujourd'hui cherchent et combattent avec toi, mais ceux aussi qui voient déjà ce que toi tu espères, et qui portent ton désir devant la face de Dieu. Tu as des amis dans la place.

Sois simple

Les amants de la simplicité sont ou des

naïfs ou des saints. Le naïf croit que la culture a tout compliqué et que la bonne volonté remplace le savoir-faire. Il est comme ces enfants qui croient que tout leur est possible et accessible. Il n'a pas le goût des longs et savoureux apprentissages. Ses premiers échecs ne lui enseignent rien : il en sort plus naïf qu'avant et risque d'accuser les autres de lui avoir tendu des pièges.

Continue d'apprendre

Le vrai saint ne se prend ni pour un simple ni pour un sage. Il connaît la sinuosité des chemins et la longueur des étapes. Il sait apprendre et ne méprise jamais les humbles voies que Dieu lui trace. Il décèle, au sein de la pire rebuffade, le grain utile qui se cache et, dans les broussailles d'un discours ennuyeux, le brin d'intelligence que nul autre n'y voit. Que le cœur de l'homme soit double et tortueux ne le déconcerte pas. Il est sourcier d'amour et de lumière.

Crois en la force du Christ

Pour lui et pour les autres, le saint croit en Dieu et en sa force. Aussi est-il un bâtisseur de vie nouvelle, un semeur de guérison et de réconciliation. Aucun enfer n'est assez clos pour que la présence du saint ne le transforme peu à peu en paradis. Pour lui aucune impasse n'est sans issue. Le saint n'est pas un prudent selon le monde, il est témoin du Christ ressuscité.

Demande la douceur

Tu doutes et tu peines. La nuit te pèse comme une couverture trop lourde. Tu as envie de planter là ta quête. Tu es las. Appelle à ton aide celle qui a consenti à la Parole et qui l'a portée dans sa chair et sa foi. Appelle Marie de Cana, et Marie de la Croix, Marie qui à Pâques s'est réjouie et, à la Pentecôte, appelait l'Esprit. Sa main te montre le chemin, sa force t'accompagne, sa douceur t'enveloppe.

Suis l'Étoile

Certains demandent à Marie ce qu'ils n'oseraient demander à Jésus et ils ont tort. Marie n'est ni plus forte, ni plus douce, ni plus compréhensive, ni plus compatissante que son Fils.

Elle est en vérité celle qui ne cesse de nous accompagner sur notre route, de nous montrer celui qui est la vie, de nous dire : « Faites tout ce qu'il vous dira. » On l'appelle Étoile parce que sur elle s'orientent les chrétiens comme sur une étoile les marins perdus.

Vis

Tu me demandais un jour quel était le but de la vie. Ce n'est pas par goût du sophisme que je t'avais répondu : vivre. Nombreux, les conteurs de fables et les montreurs de mirages qui essaieront de te dérouter. Il est difficile de ne pas les croire. Tant de forces de mort nous tirent à hue et à dia. Et nous les prenons souvent pour des sources de vie.

Vis toujours

Vivre, en sachant que l'on vit sous le regard de Dieu et l'inspiration de l'Évangile, que l'on est par l'Esprit cellule du Corps du Christ, et cela tous les jours et à toute heure.

Vivre en apprenant la douceur, l'humilité et la tendresse, sans écraser ni mordre personne sur sa route, en aimant la lumière sans avoir peur du froid et de la nuit.

Vivre en sachant cultiver les vieilles amitiés et s'émerveiller des rencontres d'un jour.

Vivre sans idéologie, vivre à ras de vie.

Devant toi s'ouvriront des univers inouïs que la vie elle-même porte en son sein et donne à ceux qui l'aiment : cette vie qui est née du souffle de Dieu dans les narines de l'homme à l'aube du monde.

TABLE DES MATIÈRES

FOI VIVANTE

Derniers ouvrages parus

89. J. MARITAIN
Religion et culture (Desclée de Brouwer)

143. V. SION
Réalisme spirituel de Thérèse de Lisieux (Cerf)

148. D. BARTHÉLEMY
Dieu et son image (Cerf)

186. M .V. BERNADOT
De l'Eucharistie à la Trinité (Cerf)

200. Conrad DE MEESTER
Élisabeth de la Trinité racontée par elle-même (Cerf)

204. Victor SION
Chemin de prière avec Thérèse de Lisieux (Cerf)

206. Yves CONGAR
Esprit de l'homme, Esprit de Dieu (Cerf)

207. ÉLISABETH DE LA TRINITÉ
Pensées I. Vous êtes la Maison de Dieu (Cerf)

212. Ambroise-Marie CARRÉ
Baptisés dans le Christ (Cerf)

213. François MONFORT

Une catéchèse selon l'Évangile (Cerf)

214. SAINT AUGUSTIN

Jésus-Christ mort et ressuscité pour nous (Cerf)

215. Père CHEVRIER

Écrits spirituels (Cerf)

216. Alain WEIDERT

Des laïcs autrement (Cerf)

217. Herbert MC CABE

La Foi catholique. Petit catéchisme (Cerf)

218. Guy GAUCHER

Histoire d'une vie, Thérèse Martin (Cerf)

219. Dom MIQUEL

Petit Traité de théologie symbolique (Cerf)

220. FRATERNITÉS MONASTIQUES DE JÉRUSALEM

Jérusalem, livre de vie (Cerf)

221. Jean RIGAL

Services et responsabilités dans l'Église, les ministères (Cerf)

222. Saint LÉON LE GRAND

Le Mystère de l'Incarnation (Cerf)

223. Clodovis et Leonardo BOFF

Qu'est-ce que la théologie de la libération ? (Cerf)

224. BÉRULLE

Élévation sur sainte Madeleine (Cerf)

225. Ambroise-Marie CARRÉ

La Rencontre avec Jésus-Christ (Cerf)

suivi de :

LACORDAIRE

Jésus-Christ (Cerf)

226. LACORDAIRE

Lettres à un jeune homme (Cerf)

227. Pie RÉGAMEY

Portrait spirituel du chrétien (Cerf)

228. Jean VANIER

Ton silence m'appelle (Bellarmin).

229. André BARRAL-BARON

Naître, vivre et mourir aujourd'hui (Cerf)

230. Claude MONDÉSERT

Lire les Pères de l'Église (Cerf)

231. UN MOINE DE L'ÉGLISE D'ORIENT

Notre Père (Cerf)

232. UN MOINE DE L'ÉGLISE D'ORIENT

L'Offrande liturgique (Cerf)

233. BÉRULLE

Les Mystères de la vie du Christ (Cerf)

234. Jean VANIER

Ouvre mes bras (Bellarmin)

235. René MARICHAL

Premiers Chrétiens de Russie (Cerf)

236. BÉRULLE

La Vie de Jésus (Cerf)

237. Patrice DE LA TOUR DU PIN

Psaumes de tous mes temps (Cerf)

238. LACORDAIRE

Vie de Saint Dominique (Cerf)

239. LAMENNAIS

L'Imitation de Jésus-Christ (Cerf)

240. ATHANASE

Antoine le Grand, Père des moines (Cerf)

241. Maurice BELLET

La Force de vivre (Desclée de Brouwer)

242. Chiara LUBICH

Méditations (Nouvelle Cité)

243. André SÈVE

Essayer d'aimer (Centurion)

244. *Les Écrits des Pères apostoliques* (Cerf)

245. Bernard BRO

Jean-Marie Vianney curé d'Ars (Cerf)

246. Vladimir Lossky

Essai sur la théologie mystique de l'Église d'Orient (Cerf)

247. Jean Guitton

L'Évangile dans ma vie (Desclée de Brouwer)

248. Carlo Carretto

Mon Père je m'abandonne à toi (Nouvelle Cité)

249. André Barral-Baron

Le Célibat, chemin de vie (Cerf)

250. Cardinal J.-Marie Lustiger

Le Sacrement de l'onction des malades (Cerf)

251. Hans Kung

Qu'est-ce que l'Église? (Desclée de Brouwer)

252. Louis Evely

Oser parler (Centurion)

253. Pierre Guilbert

La Prière retrouvée (Nouvelle Cité)

254. Michel Quoist

Quand la vie devient prière (Éditions Ouvrières)

255. Claire et François d'Assise

Écrits (Cerf)

256. Michel Boutier

Quêtes et requêtes (Cerf)

257. Stan Rougier

L'avenir est à la tendresse (Salvator)

258. Frère Yohanan

Juifs et chrétiens d'hier à demain (Cerf)

259. Alain Patin

Celui qu'on appelle Jésus (Éditions Ouvrières)

260. Odon Casel

Le mystère de la liturgie (Cerf)

261. Dom P. M. Grammont

Présence à Dieu, présence aux hommes (Cerf)

262. J. Jérémias

Paroles de Jésus; Le message central du Nouveau Testament (Cerf)

263. J. Loew

Dans la nuit j'ai cherché (Centurion)

264. B. de Las Casas

L'évangile et la force (Cerf)

265. A.-M. Carré, G. Bessière

Prières pour les jours de notre vie (Cerf)

266. J. Thomas

Ignace, Pèlerin de Dieu (Vie chrétienne)

267. E. Charpentier/M. Joulin

Cinq chemins de croix (Cerf)

268. J. H. Abd-El-Jalil

L'Islam et nous (Cerf)

269. J. Eyquem

Aujourd'hui, le rosaire (Cerf)

270. A. Talbot

Les solidarités chrétiennes (Cerf)

271. St Jean Eudes

Le Baptême (Cerf)

272. *Bible de Jérusalem pour tous*

Ancien Testament (Cerf)

273. H. Küng

Liberté du chrétien (Desclée de Brouwer)

274. P. Wolff

Mon Dieu n'est pas sourd (Vie chrétienne)

275. P. Talec

Les choses de la Foi (Centurion)

276. L. Bouyer

Architecture et Liturgie (Cerf)

277. R. Maritain

Notes sur le Pater (Desclée de Brouwer)

278. C. Carretto

Moi, François d'Assise (Centurion)

279. Thérèse de Lisieux

Qui a Jésus a Tout (Cerf)

280. X. de Montclos

Le Cardinal Lavigerie, la mission universelle de l'Église (Cerf)

281. Grégoire de Nysse

La Colombe et la ténèbre (Cerf).

282. F. Bousquet

Croire (Cerf)

283. *Bible de Jérusalem pour tous*

Nouveau testament (Cerf)

284. Y. Raguin

Alpha Oméga (Vie chrétienne)

285. M.-R. Bows

Apprendre à aimer (Cerf)

286. *Les fidèles laïcs.*
Exhortation apostolique de Jean-Paul II (Cerf)

287. Ph. Ferlay

Paix et silence (Cerf)

288. M. Zundel

Croyez-vous en l'homme ? (Cerf)

Cet ouvrage reproduit par procédé photomécanique
a été achevé d'imprimer en janvier 1992
sur les presses de l'Imprimerie Bussière
à Saint-Amand (Cher)

Précédent dépôt : novembre 1982.
Dépôt légal : septembre 1985.
N° d'éditeur : 8088.
N° d'imprimeur : 3407.
Dépôt légal : janvier 1992.

Imprimé en France